D1710538

This book belongs to:

_____

_____

COLOR TEST

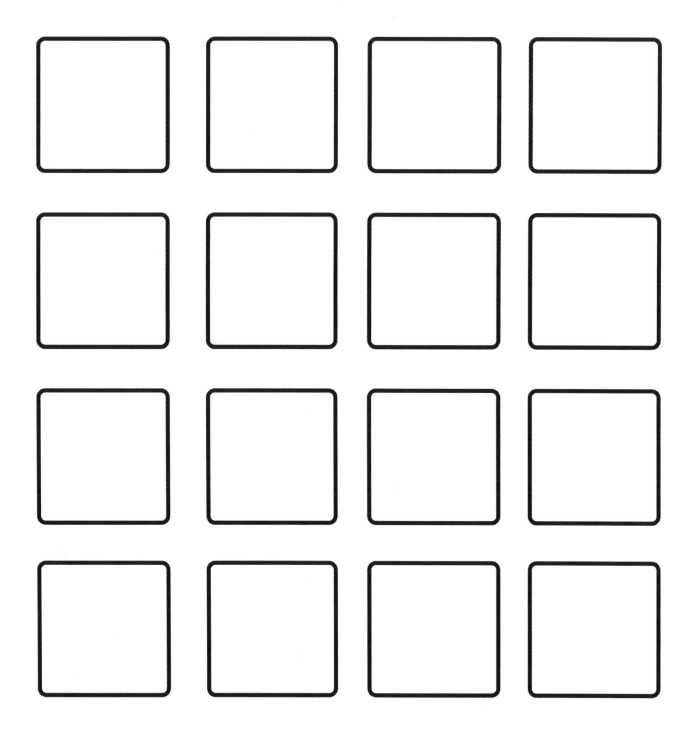

COLOR TEST

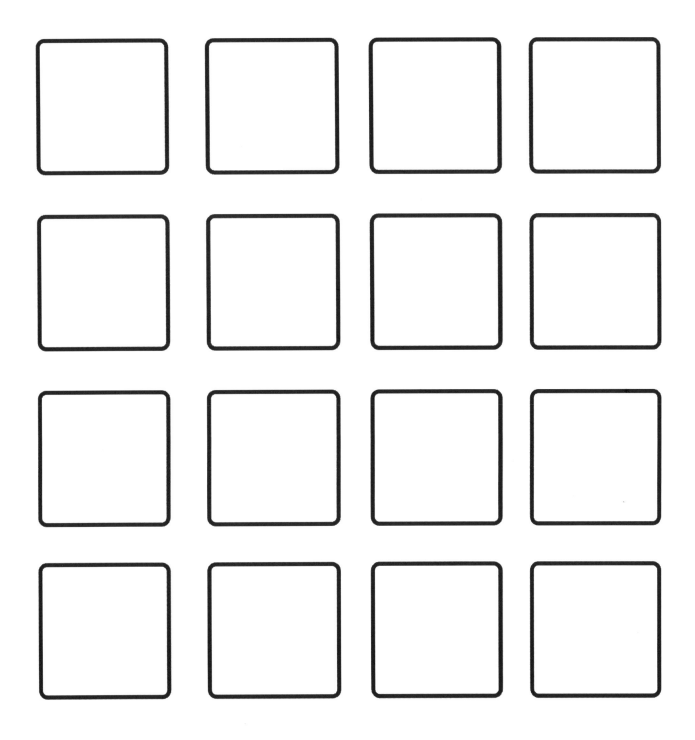

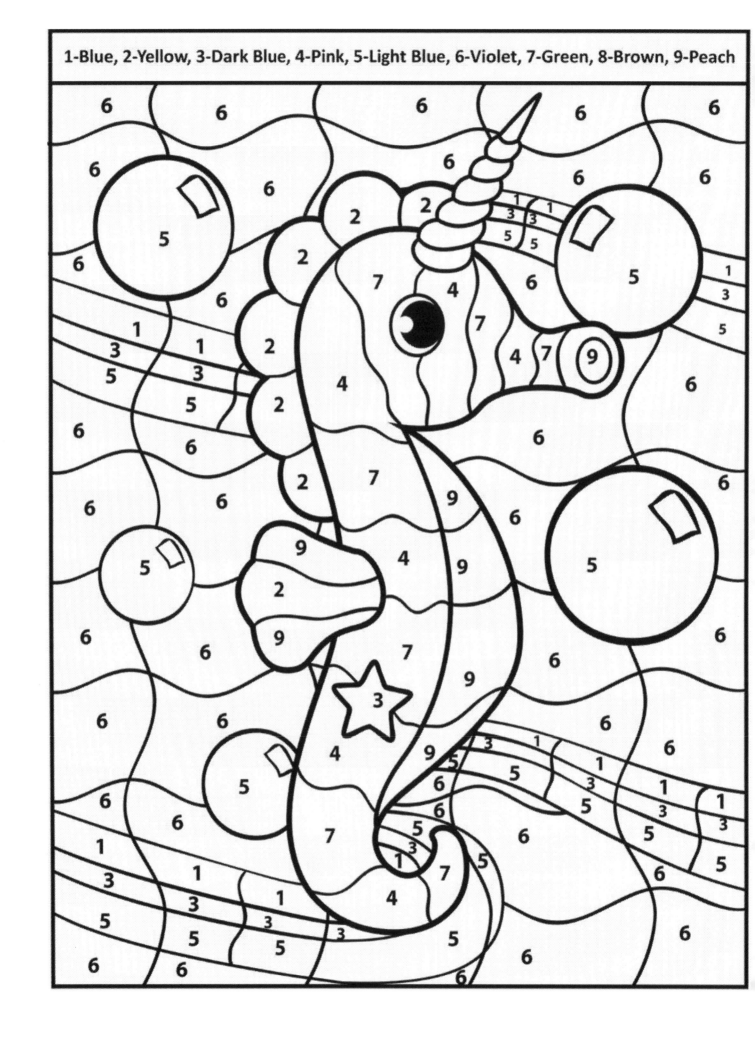

1-Blue, 2-Yellow, 3-Dark Blue, 4-Pink, 5-Light Blue, 6-Violet, 7-Green, 8-Brown, 9-Peach

1-Blue, 2-Yellow, 3-Dark Blue, 4-Pink, 5-Light Blue, 6-Violet, 7-Green, 8-Brown, 9-Peach

1-Blue, 2-Yellow, 3-Dark Blue, 4-Pink, 5-Light Blue, 6-Violet, 7-Green, 8-Brown, 9-Peach

1-Blue, 2-Yellow, 3-Dark Blue, 4-Pink, 5-Light Blue, 6-Violet, 7-Green, 8-Brown, 9-Peach

1-Blue, 2-Yellow, 3-Dark Blue, 4-Pink, 5-Light Blue, 6-Violet, 7-Green, 8-Brown, 9-Peach

1-Blue, 2-Yellow, 3-Dark Blue, 4-Pink, 5-Light Blue, 6-Violet, 7-Green, 8-Brown, 9-Peach

1-Weiß 2-Rot 3-Gelb 4-Grau 5-Grün

1-Weiß 2-Rot 3-Gelb 4-Orange 5-Grün

1-Weiß 2-Rot 3-Gelb 4-Orange 5-Grün

1-Weiß 2-Rot 3-Gelb 4-Orange 5-Grün 6-Mandel

1-Gelb 2-Rot 3-Weiß 4-Grün 5-Orange

1-Orchidee 2-Rot 3-Weiß 4-Grün 5-Orange 6-Gelb

1-Gelb 2-Rot 3-Weiß 4-Grün 5-Orange

1-Braun 2-Rot 3-Weiß 4-Grün 5-Orange 6-Gelb

1-Gelb 2- Rot 3-Weiß 4-Soft Rosa 5-Grün

1-Himmelblau 2-Rot 3-Weiß 4-Grün 5-Marineblau

1-Braun Rost 2-Rot 3-Weiß 4-Grün 5-Schwarz

1-Orchidee 2-Rot 3-Weiß 4-Grün 5-Orange 6-Gelb

1-Buttercup 2-Rot 3-Weiß 4-Grün 5-Gelb

1-Kaschmir 2-Rot 3-Weiß 4-Grün 5-Orange 6-Twine

1-Orchidee 2-Rot 3-Weiß 4-Grün 5-Orange 6-Gelb

1-Orchidee 2-Rot 3-Weiß 4-Grün 5-Orange 6-Gelb

1-Gelb 2-Rot 3-Weiß 4-Grün 5-Orange

1-Grün 2-Hellgrün 3-Knochen 4-Schwarz 5-Rot 6-Weiß

1-Baby Blau 2-Sky Blau 3-Rosa 4-Schwarz 5-Rot
6-Weißes 7-tiefes Cerulean

1-Chelsea-Gurke 2-Weiß 3-Rot 4-Hellgrün

1-Grün 2-Rot 3-Weiß 4-Gelb

1-Rosa 2-Rot 3-Weiß 4-Knochen 5-Gelb

1-Gelb 2-Rot 3-Weiß 4-Grün 5-Orange

Made in United States
Orlando, FL
24 March 2023